COMMENT FAIRE?

OU

LES ÉPREUVES DE MISANTROPIE ET REPENTIR,

COMÉDIE EN UN ACTE,

MÊLÉE DE VAUDEVILLES,

Représentée, pour la première fois, sur le Théâtre du Vaudeville, le 26 Ventôse, an 7.

Par les CC. DEJOUY et LONCHAMPS.

Prix 1 Franc 25 centim. avec des Airs notés.

(avec Dieulafoy, Goizet)

A PARIS,

Chez le Libraire au Théâtre du Vaudeville, rue de Malthe ;
Et à son Imprimerie rue des Droits-de-l'Homme, N°. 44.

An VII.
Les Exemplaires ont été fournis à la Bibliothèque nationale.

PERSONNAGES.	ARTISTES.
	CC. et Cnes.
BONNEVAL, oncle d'Adèle et d'Agathe.	Chapelle.
BONNEVAL, sa femme.	Duchaume.
ADÈLE, leur nièce.	f. Henry.
AGATHE, jeune veuve, leur nièce ausssi.	Aubert.
DELVILLE, amant d'Agathe.	Julien.
LENOIR, amant d'Adèle.	Lenoble.
SÈZANNE, pupille de Bonneval.	Henry.
FLORETTE, femme-de-chambre.	Blosseville.
JUSTIN, contrôleur des contre-marques du Théâtre Français.	Carpentier.

La Scène est dans le sallon de Bonneval, aussi près que possible du Théâtre Français.

COMMENT FAIRE?

OU

LES ÉPREUVES DE MISANTROPIE ET REPENTIR,

COMÉDIE.

SCÈNE PREMIÈRE.

JUSTIN, FLORETTE.

FLORETTE.

J'ACCOURS, que me veux-tu?

JUSTIN.

Te prévenir que si tes maîtres ne se d'épêchent, ils courent grand risque de ne plus trouver de places aujourd'hui à notre spectacle.

FLORETTE.

Il serait bien étrange que d'aussi proches voisins, protégés par le contrôleur des contre-marques d'un théâtre, restassent dans les corridors !

JUSTIN.

Il n'y a ni voisinage, ni protection qui tiennent : on nous force la main, et je ne réponds pas de pouvoir les placer ensemble.... Que ne louaient-ils une loge?

FLORETTE.

Vous avez donc bien du monde?

JUSTIN.

Tout Paris ; c'est une rage !

FLORETTE.

Je vois bien qu'il faudra que j'y retourne ; car je ne m'en rappelle pas un mot ?

JUSTIN.

Je le crois bien..... dormeuse.

FLORETTE.

N'est-ce pas une pièce étrangère ?

JUSTIN.

Oui, le chef-d'œuvre de *Kotzbou*.... Ah ! c'est un vrai bijou d'Allemagne !

N°. 1. Air : *Du petit Matelot.*

C'est la suite d'une querelle
Entre une femme et son époux :
Le repentir de l'infidèle,
Du mari fléchit le courroux.

FLORETTE.

Quoi ! pour semblable bagatelle,
Il s'était donc fâché vraiment :
C'est bien là ce que l'on appelle
Une querelle d'allemand !

Je ne vois pas là de quoi m'expliquer l'engouement qu'on a pour cette pièce ?

JUSTIN.

C'est qu'elle est bonne, d'abord ; et puis ceux qui en disent beaucoup de bien, espèrent qu'on en pensera moins mal d'eux ;.... et puis encore....

N°. 2. Air : *Il faut quand on aime une fois.*

Nous avons su faire à-propos
Beaucoup de politesses
Aux grands hommes, dont les journaux
Font le destin des pièces :
Ils sont de la célébrité,
Dispensateurs suprêmes.

COMÉDIE.

FLORETTE.

Ils devraient bien, en vérité,
En garder pour eux-mêmes.

JUSTIN.

Il n'y a pas jusqu'à l'envie qui ne sourie à nos succès ; car vois-tu, une pièce médiocre faite à Vienne, est plus sûr de réussir chez nous, qu'un chef-d'œuvre fait à Paris.

N°. 3. AIR : *De la Soirée orageuse.*

Louer un auteur étranger
Ne tire pas à conséquence ;
C'est un moyen de se venger
Des rivaux qu'on redoute en France.
Nos petits écrivains jaloux
Usent d'une tactique habile ;
Ils vont par-tout prenant Kotzbou
Pour faire oublier d'Harleville.

Que tout ceci reste entre nous : vois-tu, c'est le secret de la comédie ; mais vas donc un peu presser tes maîtres.

FLORETTE.

Je ne peux pas les aller déranger ; on est là-dedans à signer le contrat.

JUSTIN.

Comment ! est-ce que la noce est pour aujourd'hui ?

FLORETTE.

Non pas, mais pour demain ; et tu sens bien que, par prudence, le contrat doit se faire la veille.

JUSTIN.

Ah diable ! oui, le lendemain il serait trop tard.

FLORETTE.

N°. 4. AIR : *Si vous rencontrez un amant.* (Du Jockey.)

Pour que l'amour, comme témoin,
Signe au contrat de mariage ;
Avant la noce, il est besoin
De dresser l'acte qui l'engage....
Si l'hymen lui cédait ses droits

Avant cet acte nécessaire,
L'amour, au mépris de nos lois,
Oublierait souvent le notaire.

JUSTIN.

C'est très-sensé.... Quand tu te serais mariée toute ta vie, tu ne raisonnerais pas mieux mariage;... mais il faut convenir que celui de ta jeune maîtresse avec le citoyen Lenoir, est singulièrement assorti.... Une jeune fille, folle comme un étourneau, avec un mari sombre comme un hibou !

FLORETTE.

Eh ! c'est ce qu'il faut en ménage. Rien n'est plus ennuyeux que d'être toujours d'accord....Les oppositions chassent la monotonie.

N°. 5. AIR : *J'ai vu par-tout dans mes voyages.*

Le ménage le plus fidèle
S'ennuierait d'une longue paix ;
Ceux qui n'ont jamais de querelle,
Ne se raccommodent jamais.
C'est ainsi que tout se balance,
Le malheur fait naître l'espoir ;
Et l'on achète par l'absence,
Le doux plaisir de se revoir.

JUSTIN.

Allons, me voilà tranquille sur cette union-là... Mais à quand la nôtre donc, à propos de mariage....

FLORETTE.

Mal assortis ?

JUSTIN.

Tu sais bien que non.

FLORETTE.

Attendons crois-moi : nous sommes assez riches pour être amans, mais pas assez pour être époux.

JUSTIN.

Patience ! je suis mieux que tu ne crois dans mes affaires. Encore un mois de Misantropie et de Repentir, ma fortune est faite.

FLORETTE.

Drôle de moyen! j'ignorais que le repentir pût jamais mener à la fortune.

JUSTIN.

Et mon établissement du grand escalier?

FLORETTE.

Ta boutique de parfumeur! tu n'y fais rien; on ne va pas à la Comédie pour faire sa toilette, mais pour l'y montrer.

JUSTIN.

Fort bien; mais on vient à notre drame allemand pour se trouver mal, et moi je m'en trouve bien.... imagine-toi que depuis la première représentation....

N°. 6. Air.

J'ai bien vendu, je t'en ré-ponds, Deux ou trois cents

flacons de gouttes, Et cent flacons de sels de toutes façons. J'en

ai bien ven-du cent douzaines, D'eau de Cologne pour mi-grai-

nes, Et d'eau des armes pour va-peurs, Plus, un

ba--ril, sans rien ra--bat-tre, D'excel-lent vinaigre des qua-

tre Voleurs.

FLORETTE.

Quelle consommation !

JUSTIN.

Et deux cents pour cent de bénéfice sur le tout ;... car comme je n'ai à traiter qu'avec les meilleurs cœurs de Paris, cela ne marchande jamais.

FLORETTE.

Tu sens bien que cela ne peut pas durer. Ceux à qui tu en vends aujourd'hui, n'en rachèteront pas demain.

JUSTIN.

Qu'est-ce que cela me fait ? ce ne sont jamais les mêmes qui reviennent.... Mais ce qui m'étonne, c'est que ça va toujours croissant.

FLORETTE.

Cela s'explique : dans le commencement, on n'était encore convenu de rien, l'opinion n'était pas fixée.

N°. 7. AIR : *Chez mon père.*

On voyait pleu-rer et rire ; On ne sa-vait trop qu'en

di-re ; Mais de-puis u-ne quinzaine, C'est gé-né--ral.   Il

faut y pleu-rer, sous peine D'ê tre mis dans un jour -nal.

COMÉDIE.

Je crois que j'entends venir notre monde.

JUSTIN.

Et moi je te quitte; le troisième acte doit être près de finir; c'est le moment de contrôler, je cours à mon poste.... Adieu. *(Ils sortent.)*

SCÈNE II.

SEZANNE, BONNEVAL, SA FEMME, LENOIR, ADÈLE.

SÉZANNE.

C'EST un bien beau morceau d'éloquence qu'un contrat de mariage! Je ne connais que la pièce où vous allez, qui soit aussi gaie et aussi bien écrite!

Mad. BONNEVAL.

Avec tous vos contes, vous nous empêcherez de la voir; je suis sûre que nous aurons perdu les trois premiers actes.

SÉZANNE.

Soyez tranquille; on vous garde encore une exposition pour le quatrième.

ADÈLE.

C'est fort commode pour les gens qui dînent à six heures.

LENOIR.

N°. 8. AIR : *De Joconde.*

Ces dames, en arrivant tard,
Vont perdre tout un rôle :
Nous ne verrons point le vieillard,

SÉZANNE.
Ni papillon qui vole.
BONNEVAL.
Vous ne verrez point le Major
Déclarer sa tendresse.
SÉZANNE.
Et pourtant ces dames encor
Verront toute la pièce.
LENOIR.
Toutes les épigrammes du monde ne m'empêcheront pas de l'admirer ; tout Paris pour Miller a les yeux de Meinau.
SÉZANNE.
Je la trouve aussi, moi, fort jolie ; mais n'attribuez-vous pas à la pièce le plaisir que vous font les acteurs ?
LENOIR.
Eh! quel autre ouvrage qu'un chef-d'œuvre pourrait constamment attirer la foule ? Elle ne se porte ainsi qu'à ce qui est vraiment beau.
SÉZANNE.
Ah! je rends justice à la foule!

N.º 9. AIR : *Vaudev. de l'Officier de fortune.*

Pour le vrai beau, dans ma patrie,
La foule a le goût le plus vif ;
La foule à *Paul et Virginie*
Préfère un spectre de Radcliff ;
A David la foule préfère
Les traits grotesques d'un callot ;
La foule abandonne Molière
Pour courir à madame Angot.

LENOIR.
De pareilles comparaisons me feraient croire que vous-même n'avez pas vu Misantropie et Repentir.

BONNEVAL.

Ah, par exemple, j'en suis certain; nous y étions ensemble.

Mad. BONNEVAL.

Je les ai vus y aller.

SÉZANNE.

Et vous m'en voyez bien revenu.

BONNEVAL.

Ah ça; mais que t'a donc fait cette pauvre pièce?

SÉZANNE.

Comment, ce qu'elle m'a fait! on prétend qu'elle a déjà raccommodé plus de cent ménages : que voulez-vous que devienne un garçon?

N°. 10. AIR : *Que ne suis-je la fougère.*

> Grace au chef-d'œuvre des drames
> Bientôt dans notre Paris,
> On ne verra plus de femmes
> Abandonner leurs maris.
> Déjà le célibataire,
> Redouté de son voisin,
> Ne trouve plus rien à faire
> Dans le faubourg Saint-Germain.

BONNEVAL.

Heureusement tu demeures à la chaussée d'Antin.

SÉZANNE.

Oh! j'ai du tems devant moi.

ADÈLE.

Savez-vous bien, Sézanne, que vous êtes terrible avec vos méchancetés ; vous trouvez un côté ridicule à tout, et vous feriez rire....

BONNEVAL.

Tout le monde, excepté ton futur.

LENOIR.

Je ne suis pas ennemi de la gaîté ; mais je ne ris jamais aux dépens des mœurs et de la sensibilité.

SÉZANNE.

Je ne sais trop si les mœurs se trouveraient plus mal des ris de Georges Dandin que des pleurs de monsieur Meinau.

LENOIR.

Les pleurs sont toujours l'affiche d'une belle ame.

SÉZANNE.

Ma foi, je ne m'y fierais pas.

N°. 11. AIR : *Du Vaudev. des Visitandines.*

> J'ai vu pleurer l'hypocrisie,
> Et j'ai vu rire la candeur ;
> J'ai vu les larmes de l'envie,
> J'ai vu le rire d'un bon cœur ;
> J'ai vu rire la confiance,
> Et la rage verser des pleurs ;
> J'ai vu pleurer des séducteurs,
> Et j'ai vu rire l'innocence.

Mad. BONNEVAL.

Laissons là vos dissertations, et partons.

ADÈLE.

Vous qui restez, mon oncle, quand ma cousine Agathe arrivera, vous lui direz où nous sommes.

SÉZANNE.

Quoi ! vient-elle ce soir même ?

BONNEVAL.

A l'instant. Ses malles sont ici. J'entends bien que les deux noces se fassent ensemble ; il n'en coûtera pas davantage.

COMÉDIE.

SÉZANNE.
Eh bien, je reste donc à l'attendre.

N°. 12. Air : *On compterait les diamans.*

Pour vous je m'en vais recevoir
Ici votre nièce chérie.

Mad. BONNEVAL.
Peut-être voudra-t-elle voir
Repentir et Misantropie;
Alors vous l'accompagnerez.

SÉZANNE.
Non, d'honneur, vous êtes trop bonne;
J'enverrai là qui vous voudrez;
Mais je n'y mènerai personne.

SCÈNE III.

BONNEVAL, SEZANNE.

BONNEVAL.
Tranquillise-toi; son prétendu Delville sera sûrement ici pour l'accompagner; car je l'attends pour affaires.... Tu le connais ce Delville.

SÉZANNE.
Oh! depuis long-tems; mais je ne l'ai jamais vu chez vous, que je me souvienne. Qui donc a fait ce mariage?

BONNEVAL.
C'est moi.

SÉZANNE.
Vous maririez le feu et l'eau.

BONNEVAL.
Comment donc?

SÉZANNE.

C'est que les caractères d'Agathe et de Delville ne se conviennent pas plus... que ceux d'Adèle et de Lenoir, par exemple.

BONNEVAL.

Eh qu'importent les caractères ? Celui de madame Bonneval sympathisait-il davantage avec le mien ? Il y a cependant trente ans que nous vivons ensemble.

SÉZANNE.

Et trente ans que vous vous querellez.

BONNEVAL.

C'est vrai; mais je n'ai jamais eu de reproches sérieux à lui faire : tu-dieu, je puis marcher tête levée !

SÉZANNE.

Mon dieu, cela n'empêche pas.

BONNEVAL.

Il faut pourtant aussi vous, monsieur mon pupille, que vous songiez à prendre une femme.

SÉZANNE.

Songez vous-même, mon cher tuteur, que vous avez déjà deux mariages sur les bras, sans compter le vôtre, et laissons encore là le mien, je vous en prie.

BONNEVAL.

Et que voulez-vous devenir enfin ?

SÉZANNE.

Ce que le destin voudra. Je n'ai jamais de projets, de peur qu'ils n'échouent.

BONNEVAL.

N°. 13. AIR : *Réveillez-vous, belle endormie.*

Jamais cette lumière variable

Au bonheur ne te conduira.
On n'a point de vent favorable,
Quand on ne sait pas où l'on va.

SEZANNE.

Même Air.

Je puis bien aisément, j'espère,
Rétorquer cet argument-là ;
On n'a jamais de vent contraire
Quand on ne sait pas où l'on va.

BONNEVAL.

Bah, bah, c'est perdre son tems que de raisonner avec vous : je rentre dans mon cabinet : vous m'y enverrez Delville quand il viendra.

SCÈNE IV.

SEZANNE, *seul.*

PARBLEU, ces têtes de femmes sont quelque chose de bien mobile ! Qui diable eût cru que cette petite Agathe, qui, le premier mois de son veuvage, se félicitait si naïvement avec moi du retour de sa liberté, consentirait sitôt à la reperdre ! Et pour qui ! Pour un fat. Je suis vraiment curieux de voir l'accueil qu'elle va me faire..... Si elle allait ne pas me reconnaître ? Cela s'est vu.... La mémoire des femmes est dans le cœur ; c'est pour cela qu'elles apprennent si vite, et qu'elles oublient si promptement.... Mais voici Delville.

SCÈNE V.

DELVILLE, SEZANNE.

DELVILLE.

Ah! c'est vous, Sézanne. Savez-vous si madame d'Orfeuil est arrivée?

SEZANNE.

Pas encore.

DELVILLE.

Ah! c'est bien; j'aurais été désolé de ne pas me trouver ici avant elle.... Car enfin, on peut bien attendre un peu madame la veille du mariage, quitte à changer de rôle le lendemain.

SEZANNE.

Vous avez presque l'air honteux d'être ici le premier.

DELVILLE.

Vous croyez rire? C'est que voilà peut-être la première fois que je me trouve dans ce cas-là.... J'ai là-dessus une réputation faite : on sait que je n'arrive jamais à un dîner qu'au dessert, et à l'opéra qu'au dernier acte.

SEZANNE.

J'arrive plutôt, moi, afin de manger la soupe, et d'entendre l'ouverture.

DELVILLE.

Ah! quel genre! Ignorez-vous à ce point l'usage d'un certain monde!

COMÉDIE.

Nº. 14. A i r *nouveau du C. Jadin.*

Dans nos bals, c'est la mé-tho-de, Il faut sa-voir

s'y pli- -er. Cha-cun, pour suivre la mo-de, Veut y

venir le der-nier. C'est u- -ne loi po-si-tive. Là, sans

être un mal-a- -droit, Ja-mais per-son-ne n'ar- -ri-ve,

Que tout le mon-de n'y soit. Jamais person-ne n'ar-

ri-ve, Que tout le mon-de n'y soit.

SEZANNE.

C'est difficile.

DELVILLE.

Oh! n'importe; je ne connais rien de pire que d'avoir l'air d'un *premier venu* quelque part.

SEZANNE.

Je ne sais pas trop pourquoi l'on a fait de cette expression une espèce d'injure.

Nº. 15. A i r : *Il faut quitter ce que j'adore.* (du Jockey.)

   Au Parnasse Apollon préfère
   Aux derniers, les premiers venus.

B

Le myrthe qui croît à Cythère
Couronne les *premiers venus*.
En affaires, tout l'avantage
Appartient au premier venu;
N'a pas qui veut en mariage
L'honneur d'être un *premier venu*.

DELVILLE.

Pas mal du tout, pas mal.... Mais êtes vous seul ici!

SEZANNE.

A-peu-près; ces dames sont allées voir Misantropie et Repentir.

DELVILLE.

Ah! ah! que dites-vous de ce dramé? c'est vraiment une pièce anti-sociale, n'est ce pas?

N°. 16. AIR : *Du pas redoublé.*
Je crains l'exemple d'un époux
 Qui, par misantropie,
Va dans les bois, parmi les loups,
 Pleurer son Eulalie.
Chez nous si toujours même cas
 Entraînait mêmes suites,
Nos forêts ne suffiraient pas
 Pour loger nos hermites.

SEZANNE.

Nos maris sont plus philosophes.

DELVILLE.

D'ailleurs, si tout le monde avait mon coup-d'œil, aucune femme ne sortirait de là, qu'on ne la sût par cœur.

SEZANNE.

Diable! vous êtes un observateur dangereux.

DELVILLE.

Ah! j'en conviens; il faut se défier de moi : j'ai un tact immanquable; personne au monde ne connait mieux les femmes.... Par exemple, cette petite d'Orfeuil que j'épouse, eh bien, dès notre première entrevue, j'ai reconnu son grand défaut !

SEZANNE.

Lequel ?

DELVILLE.

Elle est trop simple, trop naïve.

SEZANNE.

C'est cela, c'est bien cela.

DELVILLE.

Vous la connaissez ?

SEZANNE.

J'ai eu l'avantage de la voir assez souvent autrefois chez son oncle.... Elle est bien digne de tout l'amour qu'elle vous inspire.

DELVILLE.

A moi de l'amour ! il y a long-tems que j'en suis revenu, mon cher.

SEZANNE.

C'est de bonne heure, je vous en aurais cru le partisan plutôt que l'ennemi.

DELVILLE.

Ni l'un ni l'autre. Je prends de l'amour ce qu'il a de bon, je me laisse aimer.

N°. 17. AIR : *De Paul et Virginie.*

On a raison de le maudire,
De le vanter on a raison ;
Pour vivre heureux sous son empire,
Moi, j'ai pris un moyen fort bon :
J'évite de porter la chaîne,
Dont je sais retenir un cœur.....
L'amour qu'on sent est une gêne,
L'amour qu'on donne est un bonheur.

SEZANNE. (*Il paraît distrait par quelque bruit*).

Vous avez un système fort commode... Mais le plaisir de votre entretien m'a fait oublier de vous dire que l'oncle Bonneval vous attend dans votre cabinet.

DELVILLE.

Ah! j'y cours.... C'est une assez bonne créature, n'est-ce pas ?.... Sa nièce Adèle est charmante, m'a-t-on dit.... Voilà trois fois que je viens ici sans avoir pu la rencontrer....Oh! je l'aurai bientôt devinée!... Au revoir.

SCÈNE VI.

SEZANNE seul.

J'AI cru entendre le bruit d'une voiture..... c'est sans doute celle d'Agathe.... Je ne suis pas fâché d'avoir écarté le cher Delville pour un instant.

SCÈNE VII.

SEZANNE, AGATHE.

AGATHE (*parlant encore dans la coulisse.*)

Sortez ce qu'il y a dans la voiture; et sur-tout prenez garde à mon carlin. (*voyant Sézanne:*) Ah!

SÉZANNE.

Ce n'est pas moi que vous comptiez trouver ici ?

AGATHE.

Non, mais je n'en ai pas moins de plaisir à vous y voir.

COMÉDIE.

SEZANNE.

Vrai ? Je ne risque donc rien de vous dire que le hasard qui nous fait trouver seuls est un peu de ma façon. J'étais bien-aise de savoir de vous-même jusqu'à quel point je vous dois féliciter de votre mariage avec Delville. Est-ce convenance ? est-ce amour ?

AGATHE.

Mais tous les deux peut-être.

SEZANNE.

Bah ! vous l'aimeriez ?

AGATHE.

Apparemment, puisque je l'épouse....

SEZANNE.

Ah ! pardon ; j'oubliais qu'il ne se fait point de mariage sans amour.... A ce compte-là vous aimiez aussi l'autre avec ses soixante ans ?

AGATHE.

Vingt témoins me l'ont vu pleurer.

SÉZANNE.

Cela ne m'étonne pas, je vous ai toujours dit que vous réussiriez à tout.... Mais tenez, je me fais scrupule de vous retenir ici plus long-tems.... L'heureux mortel est là-haut..... L'amour vous attend.....

AGATHE.

Il ne me fera jamais regretter les instans que je donne à l'amitié.

SEZANNE.

Je suis bien-aise que vous me conserviez ce sentiment-là.... Eh bien ! dites donc à votre ami pourquoi vous vous remariez sitôt : vous lui aviez tant promis de rester veuve.

AGATHE.

Que voulez-vous? pour une jeune femme qui se respecte, le veuvage est peut-être un état plus embarrassant qu'agréable.

N°. 18. Air : *Fatigué d'un si long voyage.*

> Avec le besoin d'être aimée,
> De mettre à profit son printems,
> Besoin de se voir estimée
> S'arrange assez mal à vingt ans;
> Mais par l'himen tout s'accommode,
> Par lui de tout on peut jouir;
> C'est un médiateur commode
> Entre l'estime et le plaisir.

SEZANNE.

C'est toujours un moyen désespéré, il y en a de plus sûrs et de plus doux.

Même Air.

> Quand la sagesse trop austère
> Traîne après elle trop d'ennuis,
> A sa place on met le mystère,
> Bien des connaisseurs y sont pris,
> C'est par lui que tout s'accommode,
> Par lui de tout on peut jouir;
> C'est un médiateur commode
> Entre l'estime et le plaisir.

AGATHE.

Je n'aime à tromper personne, et je veux que le mariage m'assure les soins d'un amant.

SEZANNE.

Mauvais moyen : souvenez-vous de ce mot profond: La femme qui épouse son amant, est un roi qui abdique.

AGATHE.

Eh bien ! du moins alors on reste amis.

COMÉDIE.

SEZANNE.

Ne comptez pas sur cette amitié-là.

N°. 19. A I R : *Nous sommes précepteurs d'amour.*

De nos regrets prenant pitié,
L'amour, au moment qu'il s'envole,
Nous promet toujours l'amitié,
Mais jamais il ne tient parole.

En amour, il faut souvent plus d'adresse pour garder ses conquêtes, que pour les faire.

AGATHE.

Tant pis ; car l'adresse me révolte : vous savez combien je hais la dissimulation.

SCÈNE VIII.

Les mêmes, BONNEVAL, DELVILLE.

BONNEVAL.

EH ! bon jour, mon enfant : pourquoi ne nous as-tu pas fait avertir ?

AGATHE.

Je n'en ai pas eu le tems ; j'arrive à l'instant même, et je passais chez vous quand vous êtes entré.

SEZANNE *(à part.)*

Pas mal, en vérité, pas mal.

DELVILLE.

D'honneur, je suis aux anges de vous voir ; je comptais les heures, les minutes.

BONNEVAL.

Ah ! cela c'est vrai ; il n'a fait que bâiller avec moi.

AGATHE.

La route aussi m'a paru bien longue; je n'ai pas laissé souffler mes chevaux, tant je desirais me retrouver près de vous.

N°. 20. AIR : *O ma tendre musette.*

> A mon impatience
> Que ce moment tardait ;
> Pour en jouir d'avance
> Mon cœur me devançait.
> Du tems on peut sans doute
> Accuser la lenteur,
> Quand, au bout de la route,
> On croit voir le bonheur.

SEZANNE.

Qu'on est heureux de s'entendre dire de ces choses là !

DELVILLE.

Oh çà, n'allons-nous pas rejoindre ces dames aux Français ?

BONNEVAL.

Bah ! bah ! tu viens de faire dix lieues aujourd'hui, tu te maries demain, c'est bien le cas de rester un peu tranquille ce soir.... Pas vrai, Sézanne ?

SÉZANNE.

C'est selon, il y a là-dessus différens avis....

AGATHE.

Le mien est d'aller retrouver ma cousine.... Que donne-t-on ?

BONNEVAL.

Misantropie et Repentir.

AGATHE.

Ah, dieu ! ce drame qui a tant fourni d'anecdotes aux journaux ?

BONNEVAL.
C'est cela même.
AGATHE.
Oh ! je n'y vais pas, la contenance d'une femme y devient trop embarrassante.
DELVILLE.
Eh ! qu'avez-vous à craindre des observations, madame ?
AGATHE.
Rien du tout, en vérité ; mais d'après ce que j'ai lu, quelque maintien qu'on ait à cette pièce, on ne peut échapper aux conjectures les plus ridicules, et je ne m'y veux pas exposer.
DELVILLE.
Vous ne songez pas, sans doute, à celles qu'on pourrait tirer de votre refus ?
BONNEVAL.
En voilà bien d'un autre à présent ! je savais bien que cette diable de pièce brouillait tous les amans qui l'alloient voir ; mais se brouiller aussi parce qu'on n'y va pas, c'est trop fort.
AGATHE.
Nous ne nous brouillerons pas pour cela, Delville. Partons.
DELVILLE.
Vous êtes adorable. (*à part.*) Je l'y observerai.
SÉZANNE, *arrêtant Agathe.*
Ah ça, je dois vous prévenir d'une chose ; c'est qu'il est décidément reçu que l'on y pleure : arrangez-vous là-dessus.

N°. 21. AIR : *Tout roule aujourd'hui dans le monde.*

 Contre vous chacun se déchaîne,
 Si vous refusez d'y pleurer :
 Aussi dès la première scène
 Voit-on les mouchoirs se tirer.

On voit encor de bonnes ames
Pleurer à la pièce d'après;
J'ai vu bien mieux, j'ai vu des femmes
Pleurer en prenant leurs billets.

DELVILLE.

Êtes-vous des nôtres?

SÉZANNE.

Non; je vais faire une visite ici près, et reviens souper avec vous.

SCÈNE IX.

BONNEVAL, FLORETTE.

BONNEVAL, *appellant Florette.*

Florette! Florette!

FLORETTE, *répondant.*

Plaît-il?

BONNEVAL.

Viens un peu me tenir compagnie.... Tu es une bonne enfant.... aussi je te veux du bien.... tu sais que je te veux du bien?

FLORETTE.

Oui, et j'en suis bien reconnaissante.

BONNEVAL.

Tu veux te marier pourtant!

FLORETTE.

Tout le monde se marie dans la maison; l'épidémie me gagne... D'ailleurs, monsieur sait bien qu'on ne peut pas toujours rester fille.

BONNEVAL.

Pourquoi donc cela, ma chère Florette? te manque-t-il quelque chose ici?... Tu ris, friponne, et tu ne devrais pas rire... Sans doute, tu t'imagines que tu seras bien heureuse avec ton Justin.

FLORETTE.
Il le dit.
BONNEVAL.
Ce n'est pas là le plus difficile.
FLORETTE.
Oh ! mais il me l'assure.
BONNEVAL.
Avant d'être mariés, ces jeunes gens ne doutent de rien ; deux mois après, ils doutent de tout... Voilà comme nous étions madame Bonneval et moi...
FLORETTE.
Oh ! mais il y a plus de deux mois.
BONNEVAL.
C'est vrai... c'est vrai... Allons, Justin est un honnête garçon, qui m'a servi long-tems ; il est laborieux, rangé.
FLORETTE.
Il a tout ce qu'il faut pour rendre une femme heureuse.
BONNEVAL.
Dès que tu en es sûre, mon enfant, et que tu ne peux plus rester fille, il faudra voir à arranger cela.... J'entends du bruit.... Le spectacle ne peut être encore fini : vois un peu qui ce peut être.

(*Elle sort.*)

SCÈNE X.

BONNEVAL, FLORETTE.

FLORETTE, *sort un moment, et revient en courant.*
N°. 22. AIR : *Où allez-vous ?*

Ah ! juste ciel, quel accident !

BONNEVAL.

Qu'as-tu ? pourquoi cet air tremblant ?

FLORETTE.

Madame, à cette pièce....

BONNEVAL.

Eh bien !

FLORETTE.

Est tombée en faiblesse,
Vous m'entendez bien.

SCÈNE XI.

Les mêmes, Mad. BONNEVAL, *évanouie, portée sur un fauteuil par Justin et un autre homme.*

BONNEVAL.

Qu'est-ce que tout cela signifie ?

JUSTIN.

C'est notre dernier acte ; il n'en fait jamais d'autres. Au milieu des gémissemens que l'on y poussait, j'ai cru reconnaître la voix de Madame. J'ai couru à sa loge, où je l'ai trouvée sans connaissance et sans secours, n'ayant pu placer sa nièce auprès d'elle.

BONNEVAL.

N°. 23. Air : *Tous les bourgeois de Chartres.*

Comme elle est pâle et blême !

JUSTIN.

Ne vous allarmez pas,
Madame est la vingtième
Aujourd'hui dans ce cas....

COMÉDIE.

Mais comme cela gagne : à la fin, moi je tremble
Qu'un jour, acteurs et spectateurs,
Auteurs, moucheurs, ouvreurs, souffleurs,
Ne se pâment ensemble.

BONNEVAL, *sur le devant de la scène.*

Cet événement n'est pas naturel....il y a quelque chose là-dessous.... Serait-il bien possible ! Rien n'est plus ordinaire....ce ne peut être que cela.

FLORETTE.

Madame ouvre les yeux....

BONNEVAL, *allant vers sa femme avec inquiétude et colère.*

Eh bien, madame ?

Mad. BONNEVAL, *ouvrant les yeux.*

Ah !

BONNEVAL.

Elle ne peut plus soutenir ma vue....Epouse infidèle, répondez à votre juge ?

JUSTIN.

Qu'est-ce qu'il dit donc ?

FLORETTE.

Est-il fou ?

Mad. BONNEVAL, *en délire.*

Quel mari que ce bon Meinau !

BONNEVAL.

Ah ! il vous faudrait un Meinau pour mari ! Non, non, je ne serai pas si bon, je vous en avertis ; vos jérémiades ne me désarmeront pas.

Mad. BONNEVAL.

Pardonne, ô le plus chéri des époux !...

BONNEVAL.

Jamais, jamais.

Mad. BONNEVAL.

Malheureuse victime ! trois ans dans les pleurs ?

COMMENT FAIRE?

BONNEVAL.
Ah! il y a trois ans.

JUSTIN, (à part.)
Il vaut mieux tard que jamais.

BONNEVAL.
Encore un mot : madame, répondez....

Mad. BONNEVAL.
Que me veux-tu ? Eulalie....

BONNEVAL, sur le devant.
N°. 24. AIR : *On dit qu'à quinze ans.*

Je vois que je suis
(O destin presque inévitable !)
Je vois que je suis
Du plus grand nombre des maris.
Une femme coupable
Qu'oppresse un souvenir
D'un spectacle semblable,
A dû s'évanouir....
Je vois que je suis
(O destin presque inévitable !)
Je vois que je suis
Du plus grand nombre des maris.

(*Il sort.*)

SCÈNE XII.
Madame BONNEVAL, FLORETTE.

Mad. BONNEVAL, *revenant tout-à-fait à elle.*
Où suis-je ?

FLORETTE.
Chez vous, Madame.

Mad. BONNEVAL.
Ah! c'est toi, Florette. Conduis-moi là-haut : cette pièce m'a tuée.

FLORETTE, *soutenant sa maîtresse, dit à Justin*:
Je reviens à l'instant.

SCÈNE XIII.

JUSTIN, *seul.*

QUELLE mouche a donc piqué le patron ? Se fâcher contre sa femme, parce qu'elle se trouve mal ! Ah ! cela s'arrangera.... Ce qui m'inquiète davantage, c'est ce qu'on vient de me dire, que les autres Théâtres, jaloux de la vogue que nous donne Misantropie et Repentir, font faire des pièces sur le modèle de la nôtre.

N°. 25. A1R: *Tout roule aujourd'hui.*

Déjà chaque auteur dramatique
Veut nous emprunter ce sujet :
L'un pour un opéra comique,
L'autre pour en faire un ballet.
Pantomime, drame, anecdote,
A tout la pièce aura fourni :
Je sais qu'on la met en gavotte
Pour les chevaux de Franconi.

SCÈNE XIV.

JUSTIN, FLORETTE.

JUSTIN.

EH bien !

FLORETTE.

Oh ! c'est la plus drôle de scène du monde ! je n'y tenais plus d'envie de rire !

JUSTIN.

Qu'est-ce donc qui se passe là-haut ?

FLORETTE.

Ah ! monsieur est dans un accès de jalousie vraiment

comique : il dit qu'il voudrait bien connaître le téméraire qui....

JUSTIN.

Je crois que madame voudrait bien le connaître aussi.

FLORETTE.

Ce qu'il y a de singulier, c'est que tout en repoussant le soupçon, elle en a l'air presque aussi flattée qu'offensée.

JUSTIN.

Eh mais, écoute donc, à son âge ce doute est une vraie politesse.

N°. 26. AIR: *Pour la Baronne.*

A certain âge,
Si vous lui prêtez un amant,
A certain âge,
Fillette vous trouve insolent :
Ce qui pour elle est un outrage,
Est pour une autre un compliment
A certain âge.

FLORETTE.

Le mari lui a montré dix journaux contre les femmes qui se trouvent mal; la femme lui en a fait voir autant qui les défendent : ils ont fini par se les jetter à la tête, et le divorce va s'entamer.

JUSTIN.

Comment donc ? de pareilles scènes à leur âge ! Eh mais, on prendrait cela pour de l'amour !

FLORETTE.

Absolument, il n'y a que lui qui fasse de tels éclats.

JUSTIN.

Oh! mais aussi querelles d'amour....

FLORETTE.

Ne durent pas : nos maîtres se raccommoderont....

JUSTIN.

S'ils peuvent.... Voici nos jeunes gens : sortons.

SCENE

COMÉDIE.

SCÈNE XV.
AGATHE, DELVILLE.

AGATHE, *appuyée sur le bras de Delville, et s'asseyant aussi-tôt qu'elle arrive.*

DELVILLE.

Nº. 27. AIR : *du menuet d'Exaudet.*

Sans humeur,
Sans aigreur,
L'un et l'autre,
Séparons-nous, croyez-moi,
Je reprendrai ma foi,
Et vous rendrai la vôtre.
Ce moyen,
J'en convien,
Est pénible ;
Mais j'aurais trop de souci
De voir ma femme si
Sensible.
Par égard pour votre gloire,
Moi je veux bien ne pas croire
Qu'un rapport,
Un peu fort,
De ce drame,
Avec vos secrets tourmens,
A mis le trouble dans
Votre ame.
Mais l'époux,
Entre nous,
Doit tout craindre
D'une femme à sentiment,
Dont tout homme, en pleurant,
Saura se faire plaindre.
Quand nos pleurs,
Nos douleurs
L'ont émue ;
Quand nous avons sa pitié,
Femme est plus qu'à moitié
Vaincue.

C

Or, vous m'avouerez que c'est inquiétant.... Pleure qui veut aux genoux d'une femme, il n'est pas nécessaire d'aimer pour cela.... Du tems que je m'exerçais, moi, j'aurais pleuré en lisant les petites affiches.

AGATHE, *avec dignité.*

Je devrais être extrêmement piquée des ridicules conjectures que vous osez tirer de mes larmes; mais votre opinion m'est devenue si indifférente, que je ne prendrai même pas la peine de la combattre.

DELVILLE.

Que voulez-vous ? j'ai l'antipathie des grands sentimens.

AGATHE.

Je le crois, et c'est ce qui me décide à rompre entièrement avec vous.

DELVILLE.

Ah !... je pourrais réclamer l'honneur de la rupture.... J'ai parlé le premier.... mais je sais vivre, et c'est de votre part que je vais prévenir votre oncle. (*On entend rire.*) Qu'entends-je ? la jeune Adèle sans doute ?... Il faut la voir; restons.

SCÈNE XVI.

AGATHE, *toujours dans un fauteuil, un mouchoir sur les yeux*; DELVILLE, *à l'écart, observant Adèle*; LENOIR, *l'air fâché*; ADÈLE, *riant aux éclats.*

ADÈLE.

N°. 28. Air: *De la gaîté le doux transport.* (de la Mélomanie.)

De la gaîté moi, je chéris l'empire ;
C'est un charme.

LENOIR.

C'est un délire !

DELVILLE.

Ah qu'elle est bien !

ADÈLE.

C'est un charme.

LENOIR.

C'est un délire !

ADÈLE.

Pour bien jouir, il faut rire.

LENOIR.

Il faut pleurer.

ADÈLE.

Il faut rire.

(*Allant vers Agathe.*)

D'où viennent tes larmes ?

AGATHE.

Je reviens de Misantropie, et tu me le demandes! mais toi même, quelle peut-être la cause de tes ris?

ADÈLE.

N°. 29. AIR : *Adieu donc, dame Françoise.*

La bonne plaisanterie!
J'en ris vraiment de bon cœur;
Monsieur se met en fureur,
Il se fâche, il peste, il crie,
Parce que je ne veux pas, moi,
Pleurer sans savoir pourquoi....

LENOIR.

Quelle sécheresse d'ame!

DELVILLE, *à part.*

Son petit air espiègle me revient tout-à-fait.

LENOIR.

N°. 30. *Les plus heureux sont les fous.*

Ma colère s'enflamme
D'y penser seuleme t!
Vous riez au plus beau moment
De ce superbe drame.
Non, plus d'hymén entre nous,
Vous ne serez point ma femme,
Et je romps dans mon courroux
Le nœud qui m'attache à vous.

ADÈLE.

Je n'en pleurerai pas davantage.... Il n'y a rien que je craigne tant que d'avoir les yeux rouges.

LENOIR.

Ayez les yeux moins beaux, et le cœur plus sensible.

COMÉDIE.

DELVILLE, *à part.*

Elle est charmante ! (*haut.*) J'ai peut-être tort, mais j'ai pour système, qu'on ne sait compatir qu'aux maux qu'on a soufferts.... Vous voyez que votre jeune cousine ne s'est point appitoyée sur Madame Miller.

AGATHE. *Pendant qu'elle chante, Lenoir la regarde avec colère.*

N°. 31. AIR : *Dan ces désertes campagnes.*

Une femme faible et bonne,
Dupe d'un moment d'erreur,
Pour un mari qui pardonne,
Abjure un vil séducteur...
D'un repentir aussi tendre,
La vertu peut s'honorer....
Des pleurs qu'on lui voit répandre
Qui pourrait ne pas pleurer ?

ADÈLE.

Moi.

N°. 32 AIR : *La fanfare de Saint-Cloud.*

L'intéressante personne
Fuit un mari qu'elle aimoit,
Et tendrement abandonne
Deux enfans pour un bonnet.
Dès la première audience
L'époux tombe dans ses bras....
D'une telle invraisemblance
Vraiment qui ne rirait pas ?

DELVILLE.

D'honneur, mon cher Lenoir, je ne conçois pas votre antipathie pour la gaîté d'une femme ? C'est peut-être sa meilleure sauve-garde.... Que voulez-vous que fasse un amant près de celle qui rit de tout ? De son tendre aveu, s'il le hasarde ; de ses belles phrases, s'il en sait faire ; de ses larmes, s'il en répand ? C'est une femme inexpugnable que ça !

ADÈLE, *à part.*

Il est aimable.

LENOIR.

J'ai mes principes faits à cet égard ; je veux une femme qui ne craigne pas de se rougir les yeux par des pleurs. Madame et moi ne pourrions être que malheureux l'un par l'autre, et notre bonheur mutuel exige que....

ADÈLE.

N°. 55. AIR : *Geneviève dont le nom.*

Je vole au-devant de vos vœux :
A rompre de si tristes nœuds,
Je suis prête à souscrire.
Ailleurs nous pourrons rencontrer,
Vous, la femme avec qui pleurer,
Moi le mari pour rire.

DELVILLE, *à part.*

D'honneur, elle m'enchante !

LENOIR, *à part.*

Que ces yeux gonflés de pleurs, sont intéressans !

ADÈLE, *à part.*

Je crois que Delville me trouve jolie.

AGATHE, *à part.*

Lenoir au moins paraît me rendre justice.

SCÈNE XVII.

Les Mêmes, SÉZANNE, *arrivant dans ce moment de silence.*

SÉZANNE.

Eh bien, qu'est-ce ? on se boude ici comme là-haut, à ce qu'il me semble !

ADÈLE, *riant.*

On fait mieux, on se quitte.

SÉZANNE.

Serait-ce, par hasard, un nouveau tour du drame allemand ?

ADÈLE.

Justement.

SÉZANNE.

Je crois qu'il nous a été envoyé tout exprès d'Allemagne, pour allumer chez nous la guerre civile !

DELVILLE.

Ma foi, c'est possible.

LENOIR.

Que feriez-vous, Sézanne, d'une femme qui ne pleure pas au plus touchant des drames ?

SÉZANNE.

Moi, je la menerais voir une bonne comédie....

LENOIR.

Belle école ! Y trouvera-t-elle la leçon terrible et puissante du repentir ?

SEZANNE.

Non ; mais elle y trouvera de quoi prévenir la faute : cela vaut peut-être mieux.

ADÈLE.

Tenez, pour que vous n'emportiez pas de moi une trop mauvaise idée, je veux bien vous faire un aveu ; c'est que j'étais fort émue à la dernière scène du quatrième acte, et....

SÉZANNE.

Je le crois bien, c'est la mieux écrite.

ADÈLE.

Et je crois vraiment que j'allais pleurer....Quand je vous ai regardé par hasard, la douleur vous faisait faire une si drôle de mine, que la crainte de vous ressembler m'a fait rire....

LENOIR.

L'expression de la sensibilité ne peut jamais qu'embellir. (*Il fixe Agathe.*)

N°. 34. AIR : *Il n'en est pas de généreux.* (Du petit Commissionnaire.)

    Qu'on aime à voir dans les beaux yeux,
    De la femme qu'on idolâtre,
    Briller les pleurs délicieux
    Qui tombent sur un sein d'albâtre !
    Le plus juste ressentiment
    Cède aux pleurs de celle qu'on aime....
    Et les larmes du sentiment
    Embellissent la beauté même.

DELVILLE, *regardant Adèle.*

Même Air.

    Moi, j'aime à voir souris charmant,
    Caresser deux lèvres mi-closes,
    Et découvrir, en se jouant,
    Des perles au milieu des roses.
    Le plus juste ressentiment
    Cède au souris de ce qu'on aime....
    Joli souris bien caressant,
    Sait embellir la beauté même.

SÉZANNE.

Moi, je n'ai point de goût exclusif, et je suis de votre avis à tous deux.

N°. 35. AIR : *Ne sommes-nous pas ici mieux.*

>Si, d'un souris délicieux,
>Je connais tous les charmes,
>Je sais aussi de deux beaux yeux
>Apprécier les larmes.

LENOIR.

Je ne serai jamais l'époux d'une rieuse.

ADÈLE.

Permis à vous, s'il n'y a que la tristesse qui vous amuse : je vous souhaite bien du plaisir.

LENOIR.

Je vais me dégager près de votre oncle.

ADÈLE.

Allez, et puissiez-vous rencontrer une autre madame Miller !

DELVILLE.

Je vais, en votre nom, retirer ma parole.

SÉZANNE, *les arrête.*

Eh non, non; c'est moi qui vais parler au cher oncle. Pour vous, il vous reste ici quelque chose de mieux à faire. Tenez.

N°. 36. AIR : *Je le compare avec Louis.*

(*A Lenoir.*) Voyez ces yeux pleins de langueur,
     Humides encore de larmes.
(*à Delville.*) Voyez ce souris plein de charmes,
     Et consultez bien votre cœur....

Pour ceux qu'un même goût rassemble,
Qu'il est doux de pleurer ensemble,

(*Il place Lenoir près d'Agathe.*)

Ou de rire ensemble !
(*Il place Delville près d'Adèle.*)

Je vais parler aux grands parens. Vous, restez comme je vous ai placé ; je ne vous demande que cela.

SCÈNE XVIII.

AGATHE et LENOIR, ADÈLE et DELVILLE, *après s'être regardés quelque tems, les deux premiers en soupirant, les deux autres s'asseyant, et chantant en riant.*

N°. 37. A1r *parodié de Tom-Jones.*

LENOIR.

Que le devoir que l'on m'impose
En ce moment a de douceur !
Je soupire, hélas ! et je n'ose
D'Agathe interroger le cœur.

DELVILLE.

Le long du jour
Aux larmes fidéle,
Il va près d'elle
Pleurer son amour,
Moins lamentable,
Mais plus aimable :
Parlons d'amour, mais sans fadeur.

AGATHE.

Je soupire, hélas ! et je n'ose
Pour vous interroger mon cœur.

ADÈLE.

Il se lamente, lamente,
Et moi je chante, je chante,
C'est mon humeur.

ENSEMBLE.

{Sur {mes} soupirs je me repose.
    {ses}
Pour vous expliquer mon ardeur,
C'est le vrai langage du cœur.

ENSEMBLE.

{Ah ! combien cette humeur
M'enchante ;
Elle vous assure mon cœur ;
Elle a su lui gagner mon cœur.

(*A la fin du duo, Lenoir tombe aux pieds d'Agathe.*)

SCÈNE XIX.

Les mêmes, BONNEVAL, sa femme, SEZANNE.

BONNEVAL, *voyant les amans.*

A MERVEILLE! ne vous dérangez pas : cela s'appelle une infidélité précoce.

SÉZANNE.

Après la noce, elle eût encore été moins de saison.

Mad. BONNEVAL.

Sézanne nous amenait ici pour vous aider à vous entendre; mais il me semble que la chose est en assez bon train.

DELVILLE.

Tenez, cher oncle, nous venons de nous appercevoir à tems, mademoiselle et moi, que nous nous convenions. Lenoir et madame ont fait tout aussi à propos une découverte semblable; et si vous le trouvez bon...

BONNEVAL, *à Adèle.*

Très-volontiers, mes enfans: il s'agit de votre bonheur; je ne veux point y mettre obstacle.

Mad. BONNEVAL.

Ni moi; mais c'est cependant un peu prompt.

SÉZANNE.

Pas plus que l'amour du Major pour madame Miller.... Allons, je vois enfin qu'en dépit de Misantropie et Repentir, nous aurons nos deux mariages, et point de divorce....

DELVILLE.

Comment un divorce?

Mad. BONNEVAL.

Oui vraiment : monsieur ne s'avisait-il pas de....

BONNEVAL.

Laissons cela, madame Bonneval, puisque Sézanne m'a fait obtenir mon pardon.

Mad. BONNEVAL.

Il y a trente ans qu'il était écrit là (*mettant la main sur son cœur.*) d'avance.

SCÈNE XX et dernière.

LES MÊMES, JUSTIN, FLORETTE.

JUSTIN.

Je viens vous présenter une petite requête, citoyen Bonneval.... Comme Florette et moi voudrions finir par nous marier....

BONNEVAL.

Eh bien, à la bonne heure, et si ma femme y consent...

Mad. BONNEVAL.

Volontiers; et même pour arranger tout le monde, je garderai Florette à mon service.

JUSTIN.

Si vous vouliez, citoyen Bonneval, il ne tiendrait qu'à vous de me faire gagner quelqu'argent pour le ménage!

BONNEVAL.

Comment donc cela?

JUSTIN.

Vous avez là au rez-de-chaussée un petit appartement qui ne sert à personne: si vous vouliez me le prêter les jours de Misantropie, j'y ferais transporter les évanouis; ça obligerait tout le monde.

BONNEVAL.

Je le veux bien, mes enfans.

FLORETTE.

Cette pièce-là fera notre fortune.

SEZANNE.

Ma foi, tout le monde ici lui a des obligations aujourd'hui; cela me raccommode avec elle, et je suis d'avis qu'il ne se marie plus un homme à Paris, sans y mener sa future la veille.

BONNEVAL.

Oui, mais pas le lendemain.

VAUDEVILLE.

ADÈLE.

Nº. 38. Air *nouveau du C.* LONCHAMPS.

A tout le monde il serait doux, Je le sens bien, de pouvoir plai-re. Mais, pour con-tenter tous les goûts, Vrai-ment on ne sait comment fai---re. Le-noir a cru voir dans mes ris La preu-ve d'une ame fri-vo-le. Del-ville de moi s'est é-pris, Il aime u-ne femme un peu fol----le.

× *Da capo.*

AGATHE.

Devant l'un je n'ai pu pleurer,
Sans qu'il en conçût des allarmes ;
L'autre n'a pu, sans m'adorer,
Voir mes yeux se mouiller de larmes.
A tout, etc.

COMÉDIE.
SÉZANNE.

Femme craignant le drame noir,
Refuse d'en subir l'épreuve;
Dans ce refus l'époux croit voir
De quelque tort secret la preuve.
A tout, etc.

FLORETTE.

Au drame noir, moi, j'ai bâillé;
Justin s'en est mis en colère.

SÉZANNE.

Il a grand tort; mon amitié
Pour toi s'en augmente, ma chère.
A tout, etc.

LENOIR.

Aux Français encore long-tems
L'on ira voir Misantropie.

SÉZANNE.

C'est que de Simon les talens
Couvrent les défauts d'Eulalie.

DELVILLE.

La critique, n'en doutons point,
Pourra blâmer ce prompt échange;
Mais, entre nous, le plus grand point,
C'est que tous quatre il nous arrange.
A tout, etc.

ADELE, *au Public.*

Si vous approuvez les couplets
Semés dans cette bagatelle,
Protégez-les contre les traits
Que l'on pourrait lancer contre elle;

Car enfin

A tout le monde il serait doux
Pour les Auteurs de pouvoir plaire;
Mais pour contenter tous les goûts
Vraiment ils n'ont su comment faire.

F I N

De l'Imprimerie rue des Droits-de-l'Homme, N°. 44.

www.ingramcontent.com/pod-product-compliance
Lightning Source LLC
LaVergne TN
LVHW022211080426
835511LV00008B/1702